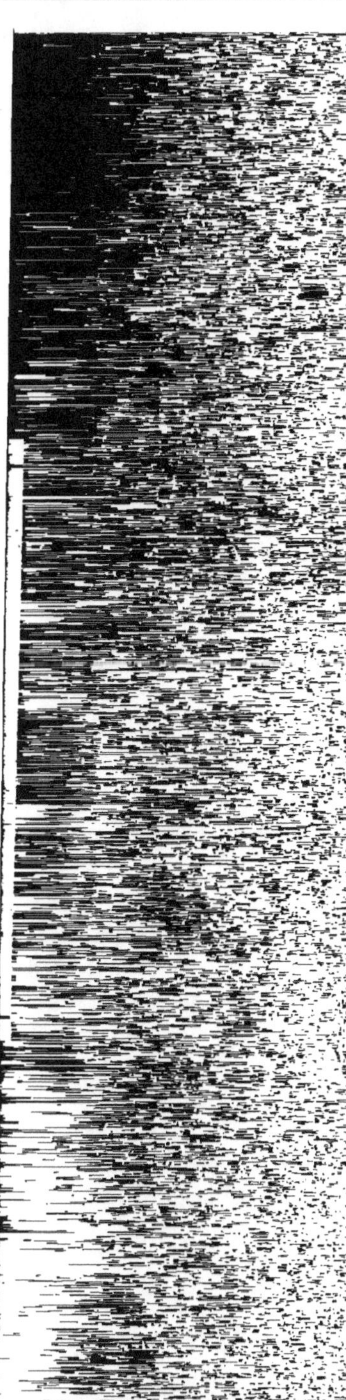

AF542671

LETTRE

DE

M. TINGAULT,

Curé de Coulanges-*la-Vineuſe*,

A

M. L'ABBÉ BOSSUT,

Examinateur des Elèves du Corps Royal du Génie, Inſpecteur des Machines & Ouvrages Hydrauliques des Bâtiments du Roi, Membre de l'Académie Royale des Sciences, Honoraire Aſſocié libre de l'Académie Royale d'Architecture, de l'Inſtitut de Bologne, de l'Académie Impériale des Sciences de S. Péterſbourg, de la Société Provinciale des Arts & des Sciences d'Utrecht, &c.

Au ſujet des réparations qui ont été faites en 1779 & 1780, aux Fontaines de Coulanges.

MONSIEUR,

LE vif intérêt que vous voulez bien prendre aux réparations qui viennent d'être faites aux fontaines de Coulanges, & le ſuccès qu'ont eu vos inſtructions, m'engagent à vous rendre compte de l'état des choſes. J'ai un troiſième motif: je veux tâcher d'épargner à nos arrière-neveux les peines & les inquiétudes que nous avons eſſuyées. Une des principales causes des dégradations survenues à nos fontaines, est le défaut absolu de renseignement sur la maniere dont on avoit opéré lors de la découverte des sources en 1705. Cette époque n'est pas bien éloignée; cependant, le croiriez-vous, Monsieur? il n'a pas été possible de trouver ici, même parmi ceux qui les premiers ont conduit les fontaines, un seul Habitant en état de donner le moindre éclaircissement à ce sujet. Nul procès-verbal de ce qui fut fait alors par M. Couplet, ni des changements de toute espece qu'on a faits depuis. J'ai seulement trouvé deux exemplaires d'une relation imprimée en 1712, mais à laquelle je n'ai commencé à comprendre quelque chose que lorsque par des travaux immenses nous sommes parvenus à reconnoître ce qui reste des anciennes opérations; elle n'est accompagnée d'aucun plan qui indique où sont les sources, leur direction, quel espace elles occupent; l'Auteur n'y est occupé qu'à décrire la maniere dont M. Couplet a opéré. Depuis plus de trente-cinq ans, j'étois témoin de l'inutilité des peines que se donnoient les Habitants pour réparer leurs fontaines : chaque année sèche les menaçoit de la perte totale de leurs eaux. Ils alloient faire une nouvelle dépense plus considérable & plus infructueuse que toutes celles qui avoient précédé; le devis estimatif des ouvrages à faire seulement dans la tranchée de la conduite des eaux, dressé par ordre de M. l'Intendant de Bourgogne, montoit à 2335 livres, sans compter au moins cinq cents journées des Habitants, nécessaires pour faire les fouilles & autres ouvrages de leur compétence, après quoi il auroit fallu faire la même opération dans l'intérieur de la ville, & peut-être à plus grands frais; & le tout à pure perte, parce qu'on n'alloit pas à la cause du mal. On étoit uniquement occupé de l'exécution des clauses d'un bail du Fontainier, qui alloit expirer dans quelques semaines, & de distinguer les réparations à sa charge de celles qui devoient être à la charge de la Communauté. Or dans ce bail, il n'étoit question que de la conduite des eaux depuis le réservoir jusqu'à la décharge qui est à l'extrêmité de la ville. Par une sorte de hasard, je passai lorsque les Officiers de Police, les Echevins & quelques notables de la Communauté faisoient lecture de ce bail près du réservoir : elle me parut peu intéressante relativement aux opérations à faire ; je crus voir qu'après qu'on auroit ruiné le Fontainier, & que la Paroisse se seroit fatiguée par de grosses dépenses, ce seroit à recommencer le lendemain sur nouveaux frais. Plein de ces pensées, je pris avec moi quelques-uns des assistans ; je leur fis mesurer la distance d'un regard à l'autre, j'en fis un résumé ; je mis par écrit quelques réflexions ; je les communiquai à M. de Coulanges, Brigadier des Armées du Roi & Colonel du second Régiment des Chevaux-Légers, qui jugea à propos d'en faire part à M. de Pontagny, Subdélégué de M. l'Intendant de Bourgogne. Toutes informes qu'elles étoient, elles leur parurent mériter quelque considération ; ils voulurent voir les choses par eux-mêmes ; ils se transporterent sur les lieux, & tout fut examiné en détail. D'après cet examen, on convint que mon petit écrit seroit lu aux notables de la Communauté qu'on assembla à cet effet : tout le monde sentit la grandeur du mal & la nécessité urgente d'y remédier. On se mit à l'ouvrage ; on consentit à fouiller la tranchée de recherche, ouvrage que j'avois fait commencer il y a dix-huit ou vingt ans, mais dont on s'étoit rebuté. Pour cette fois, on résolut de ne point cesser qu'on n'eût trouvé la cause du mal. Elle ne tarda pas à se montrer ; à peine eut-on découvert quelques toises de la pierrée qui est sur le fond de cette tranchée, qu'on apperçut des engorgements & des traces des endroits par où l'eau, faute de décharge, avoit été forcée de s'ouvrir un passage du côté opposé à celui d'où viennent les petites sources. Le courage augmentoit à mesure qu'on avançoit, parce qu'à chaque pas on faisoit de nouvelles découvertes. C'est dans ces circonstances, Monsieur, que je crus devoir vous faire les plus vives instances de venir à notre secours ; je voyois bien le mal, mais je n'en connoissois pas le remede. Je n'ignorois pas quelle étoit l'importance & l'assiduité de vos occupations, mais j'apprenois en même-tems qu'il n'étoit pas nécessaire d'être connu de vous, pour vous déterminer à obliger ; que c'étoit vous prendre par l'endroit sensible que de vous proposer un service à rendre, sur-tout lorsqu'il s'agiſſoit d'un bien public. La circonſtance étoit critique ; nous allions entrer dans nos vendanges, le ban étoit donné, vous étiez ſur le point de partir pour aller faire l'examen des Elèves de l'Ecole du Génie : votre chemin n'étoit point du tout par Coulanges ; le jour de votre arrivée à Mézieres étoit fixé, & concouroit preſque avec celui de nos vendanges : n'importe, vous ne pûtes vous refuſer à la ſatisfaction de faire un acte de bienfaiſance : vous arrivâtes à Coulanges le 23 Septembre 1779 : vous voulûtes bien nous donner aſſez de tems, non pour contenter le deſir que nous avions de vous poſſéder, mais pour nous faire part de vos lumieres, & nous apprendre ce que nous avions à faire pour ne pas travailler en vain. Je n'oublierai jamais avec quelle activité, quelle complaiſance vous vous êtes prêté à vous tranſporter ſur les lieux, à vouloir tout voir, tout examiner dans le plus grand détail, ſans être arrêté par la pluie, le mauvais chemin, la difficulté de deſcendre dans les tranchées & de les parcourir. Mais ce qui m'a principalement affecté, c'eſt la bonté, la cordialité avec laquelle vous m'avez donné dans le particulier les leçons dont j'avois le plus grand beſoin pour guider les ouvriers, que je n'avois dirigés juſques-là que comme en tâtonnant, & que je craignois d'autant plus d'induire en erreur, qu'ils témoignoient plus de docilité & de confiance. Auſſi depuis ce tems je n'ai plus héſité ſur aucune des opérations ; je n'ai plus juré que d'après M. l'Abbé Boſſut, & je n'ai plus voulu être regardé que comme chargé de faire exécuter ce qu'il avoit preſcrit : tout s'eſt fait ſans contradiction, tout a réuſſi.

Il ne me reſteroit rien à deſirer, ſi l'expérience du paſſé ne me faiſoit craindre pour l'avenir. Malheureuſement les ouvrages des hommes n'ont qu'une durée fort limitée. Nos fontaines vont encore être dégradées par la ſucceſſion des tems. J'exhorte les Habitants de Coulanges à prévenir le progrès du mal. L'entretien des tuyaux de conduite, tant au-dehors, qu'au-dedans de la ville, ne demande que de la vigilance, & ne ſera jamais fort coûteux. Mais lorſqu'on ſera obligé de faire de nouvelles réparations ſoit aux tranchées deſtinées à recueillir & à raſſembler les eaux, soit au réservoir d'où partent les tuyaux, l'objet est plus important & plus dispendieux. Tâchons du moins de diminuer & de faciliter, autant qu'il est possible, le travail que cela exigera; en faisant connoître la nature & le but de tous les ouvrages qu'on a exécutés pour mettre nos fontaines dans l'état où elles se trouvent aujourd'hui. C'est dans cette vue, Monsieur, que je profite de la permission que vous m'avez donnée de vous adresser cet écrit. Je commence par quelques traits historiques; je ferai ensuite une description de nos fontaines depuis la source jusqu'à la dernière décharge.

On sait que Coulanges-*la-Vineuse* est une petite ville de Bourgogne, située au midi d'Auxerre, à trois lieues environ de distance. Le surnom qu'elle porte lui a été donné à cause de la quantité & de l'excellence des vins que son territoire produit & qui en font toute la richesse. Dès les tems les plus reculés, les Habitants de Coulanges avoient tenté inutilement de se procurer de l'eau : ils n'avoient pour ressources que des mâres ou des puits qui souvent étoient long-tems à sec. En 1516, ils avoient obtenu un Arrêt du Conseil qui leur permettoit de lever un impôt sur chaque piece de vin de leur territoire pour en employer le produit à se procurer de l'eau. Toutes leurs recherches & leur dépense furent sans succès jusqu'au mois de Septembre 1705, que M. d'Aguesseau, depuis Chancelier de France, devenu alors tout récemment Seigneur de Coulanges, y envoya M. Couplet, de l'Académie des Sciences, qui depuis long-tems s'étoit rendu célebre par ses connoissances & son expérience dans la conduite des eaux. L'année étoit favorable pour cette sorte d'opération; il n'avoit presque point neigé l'Hiver précédent, l'Eté avoit été fort sec, & l'Automne l'étoit encore plus. M. Couplet se hâta donc de partir de Paris; & dès le lendemain de son arrivée à Auxerre, il se fit conduire à Coulanges. Aussi-tôt qu'il fut à portée de voir la disposition du terrein, il jugea qu'il ne lui seroit pas difficile de trouver de l'eau. Il planta trois piquets dans l'arrondissement d'une gorge nommée le *Grouet*, qui domine Coulanges; il fit ouvrir dans la direction de ces piquets une tranchée qu'il appella *tranchée de la recherche des eaux ;* il jugea qu'à la profondeur de 13 à 14 pieds on verroit l'eau ſourciller de tous côtés & tomber dans la tranchée ; dès-lors on devoit ceſſer de fouiller, de crainte qu'on ne perçât le lit de l'eau. Il fixa ſous le piquet moyen l'emplacement d'un réſervoir où les eaux devoient venir ſe raſſembler pour entrer delà dans la conduite, & ſe rendre à Coulanges. Il fit ouvrir enſuite une ſeconde tranchée qu'il nomma : *décharge des tranchées de recherches.* Cet ouvrage eſſentiel étoit deſtiné à favoriſer l'écoulement des eaux dans les tems de crue, & à empêcher qu'elles ne vinſſent à inonder la tranchée où la conduite devoit être poſée ; ce qui étoit néceſſaire non-ſeulement pour la premiere poſe des tuyaux, mais encore pour les réparations dont ils auroient beſoin dans la ſuite. L'embouchure de cette décharge devoit être proportionnée & ſituée de maniere que l'eau ne pût jamais s'élever de plus d'un ou deux pouces au-deſſus du fond des tranchées de recherche, afin qu'elle eût toujours un écoulement libre dans ces tranchées, & ne fût pas forcée de s'ouvrir d'autres voies.

On ſe mit donc à fouiller : on trouva effectivement l'eau à quatorze pieds environ de profondeur. M. Couplet à qui on en donna avis, défendit expreſſément de fouiller plus bas que ce lit de terre imbibé d'eau ; il recommanda qu'on eût ſeulement attention de mettre de niveau le fond de la tranchée à l'aide de l'eau même qu'on découvroit, & que l'on entretînt ſur-tout la décharge fort nette. Il revint à Coulanges au mois de Décembre ; il obſerva les veines de terre d'où ſortoient les filets d'eaux ; il fit fouiller les *tranchées de recherche* & de *décharge* plus qu'on n'avoit oſé faire en ſon abſence ; il fut toujours le premier à l'attelier, & il en revenoit le dernier, parce qu'il ne trouvoit point d'Inſpecteur capable des attentions qu'il vouloit qu'on donnât à ſon entrepriſe ; il diſtribuoit même de ſon argent aux ouvriers pour les engager à entrer par ſous-œuvre ſous le pied des berges de la fouille, où il s'avançoit le premier pour les enhardir ; il fit conſtruire ſur le fond des fouilles une pierrée ; il procéda enſuite à la conduite & diſtribution des eaux ; la conduite devoit être compoſée d'une ſuite de tuyaux de grès ; il en commanda la quantité néceſſaire ; il fixa leur diametre à 4 pouces ; il ordonna qu'on fît un nombre de petites auges de pierre dont il donna le deſſin, pour les joindre d'eſpace en eſpace à la conduite des tuyaux.

A meſure que l'on fouilloit la tranchée deſtinée à recevoir les tuyaux, l'eau ſuivoit les travailleurs, malgré les gerſures, les trous, les veines de ſable qui s'y rencontroient ; & ſi on ne lui entretenoit pas une décharge ſuffiſante, elle chaſſoit les ouvriers. Avant de faire de plus grandes dépenſes, M. Couplet voulut qu'on vît long-tems l'eau couler dans Coulanges ; elle y vint en effet avec une telle abondance que les Habitants en faiſoient entrer chez eux, en lavoient toutes les rues, & l'autre partie alloit ſe perdre dans les foſſés. L'eau coula ainſi dans Coulanges depuis le 21 Décembre 1705, juſqu'à la fin du mois d'Août ſuivant, terme où M. Couplet avoit promis de revenir, parce que c'eſt le tems des plus baſſes eaux. Il revint en effet ; il ôta l'eau de la tranchée où elle couloit depuis huit mois, il fit poſer les tuyaux, & dès qu'il eut vu l'eau entrer dans la ville, par où il l'avoit promiſe, il repartit pour Paris. On fit alors pour lui ces deux vers Latins :

Non erat antè fluens populis ſitientibus unda :
Aſt dedit æternas arte Cupletus aquas ;

qui devoient être gravés ſur la pierre ; mais ils ne l'ont été qu'en 1777. Vous les avez vus, Monſieur, ſur le frontiſpice de la première fontaine qu'on trouve en entrant dans la ville par la porte qui conduit à Auxerre. On les avoit ainſi traduits en François, en 1745 :

D'eaux vives dépourvu, ce pays altéré
Maintefois au beſoin s'étoit vu ſans reſſources :
Mais de ton art, Couplet, le fruit ineſpéré
L'enrichit pour jamais d'intariſſables ſources.

Vous avez vu auſſi ſur le regard qui fait face à la porte d'entrée du côté d'Auxerre, ce diſtique, gravé également en 1777 :

Hîc Bacchum & lymphas conjunxit fœdere certo
Connubialis amor : tu ſemper utrumque marita.

L'Auteur de ces vers est M. Vavasseur, mort Curé de Fetigni, Diocèse d'Auxerre, & non pas M. Rollin, comme l'Editeur des Opuscules de ce dernier l'avoit cru. Ils sont d'autant plus justes, que la source des fontaines de Coulanges est environnée de côteaux chargés de vignes. On peut les traduire ainsi en François :

Ici de Bacchus & des eaux
Nature fit utile mariage :
Fortunés Habitants de ces riches côteaux,
N'en séparez jamais l'usage.

Pardonnez cette petite digression. Je reviens à mon sujet.

Les Habitants de Coulanges oublièrent bientôt les leçons d'économie que leur avoit donné M. Couplet pour les travaux qui restoient à faire, & pour conserver les eaux qu'il leur avoit procurées. Ils n'eurent plus d'oreilles que pour entendre ce que l'esprit d'intérêt dicta aux ouvriers ; on fit des dépenses tout-à-fait inutiles ; on négligea l'entretien de la tranchée de décharge au point qu'en 1712, il paroît qu'elle n'existoit plus, & qu'en 1779, il ne s'est trouvé personne dans Coulanges qui ait pu en indiquer le moindre vestige. Dès 1712, on s'étoit apperçu non-seulement de l'inutilité, mais même des dommages que causoient des fouilles & autres ouvrages qu'on avoit faits contre l'avis de M. Couplet. Ce n'est pas tout. La conduite des eaux est tombée entre les mains de gens qui n'ont jamais eu, ni été capables d'avoir aucune teinture des principes sur lesquels on avoit opéré : des Vignerons ou des Maçons du pays en ont été constamment chargés, & cela sans aucune espece d'instruction sur la maniere dont ils devoient opérer. Qu'en est-il arrivé ? Dès qu'ils ont rencontré quelque difficulté dans leur chemin, ils ont retranché, réformé, sans voir ce qui pourroit résulter de leurs opérations ; de sorte que quand ils eussent pris à tâche de faire perdre les eaux, ils n'eussent pas mieux réussi. Aussi les voyoit-on diminuer si sensiblement, qu'enfin depuis quelque tems dans les années sèches les fontaines n'en donnoient plus ou presque plus du tout. On cherchoit toujours la source du mal dans la tranchée de la conduite des eaux ; ce qui a donné lieu aux travaux les plus dispendieux, parce que cette tranchée avoit été non-seulement comblée, mais qu'on avoit même planté de la vigne sur les tuyaux. On ne connoissoit plus leur direction, & ce n'étoit qu'en fouillant de proche en proche qu'on pouvoit en retrouver la route. Quant aux auges, on les avoit presque toutes supprimées. Un Procès-verbal de visite fait en 1739, ne fait mention que de trois depuis la source jusqu'à la porte de la ville, au lieu de douze ou quatorze qui avoient existé autrefois; de sorte que de la seconde à la troisiéme, il y avoit deux cents soixante-six toises. On en avoit dans la suite rétabli quelques-unes, mais c'étoit principalement pour s'épargner la peine de souder les tuyaux (science qui étoit étrangère aux Fontainiers) & les frais de faire venir un Fontainier d'Auxerre; ils ôtoient donc le tuyau cassé, & y substituoient une petite auge qui réunissoit les deux autres tuyaux. D'un autre côté, comme la pierrée qui conduisoit les eaux au réservoir n'étoit couverte que de pierres brutes, ces pierres laissoient un libre passage à l'eau bourbeuse qui dans les grandes pluies & dans les orages n'avoit pas le tems de se filtrer à travers les terres. Cette eau avoit, par succession de tems, formé au fond de la pierrée un lit de terre argilleuse extrêmement ferme & compacte, de quatre à cinq pouces d'épaisseur, entièrement pétrifiée en certains endroits; dans d'autres, il n'y avoit qu'une partie qui formoit une croûte de deux ou trois lignes d'épaisseur. Les petites sources étoient également engorgées : les pierres sèches qu'on avoit jettées à volonté dans les petites fosses où elles se rendent, se sont trouvées unies par un sédiment aussi dur que la chaux & le ciment. Je conserve un de ces blocs qui est composé de sept ou huit pierres, lesquelles pèsent bien ensemble cinquante livres. L'eau ne trouvant plus de libre entrée dans la pierrée s'étoit ouvert un passage du côté opposé, & se perdoit dans les terres voisines.

Je vous rappelle, Monsieur, des choses que vous avez vues par vos yeux. Lorsque vous fûtes arrivé à Coulanges, vous commençâtes par examiner la conduite qu'on avoit découverte dans toute sa longueur depuis la ville jusqu'au réservoir. Quoique plusieurs tuyaux vous parussent en mauvais état, vous jugeâtes cependant que la principale ſource du mal n'étoit pas dans ce défaut. Pour ſavoir préciſément à quoi vous en tenir, vous meſurâtes la quantité d'eau qu'on recevoit à Coulanges, & celle qui entroit dans le réſervoir. Par la comparaiſon de ces deux quantités, vous conclûtes que la perte d'eau depuis le réſervoir juſqu'à Coulanges étoit peu conſidérable, & que les grandes pertes ſe faiſoient dans les tranchées de recherche. Vous ordonnâtes les travaux que nous avons exécutés; nos fontaines ont été ainſi miſes dans l'état le plus avantageux. Il ne me reſte plus qu'à en donner ici la deſcription, pour l'inſtruction de nos arrière-neveux.

Nous avons déja remarqué que les fontaines de Coulanges prennent leur ſource au pied d'une petite montagne nommée le Grouet. La vallée d'où elles partent eſt ſituée au Couchant de la ville, & à-peu près à cinq cents toiſes de diſtance de la porte qui conduit à Auxerre; elle eſt terminée en cul-de-four & ſurmontée d'une colline qui forme un demi-cercle, dont un des côtés regarde le Nord, l'autre le Midi, & l'arrondiſſement regarde le Levant. Le pied de cette colline eſt ſaiſi dans toute ſon étendue par une tranchée de treize à quatorze pieds de profondeur, & de vingt-cinq toiſes environ de longueur. Au fond de cette tranchée eſt une rigole ou pierrée de dix à douze pouces de large, & d'un pied de haut; elle eſt couverte de pierres de taille jointes enſemble, pour fermer le paſſage à l'eau bourbeuſe, & d'un lit de petites pierres d'un pied ou deux d'épaiſſeur. On a dégorgé toutes les petites ſources, & les pierrées; on a bouché les renards qui s'y étoient formés. On a établi du côté des pierrées, qui eſt oppoſé aux petites ſources, quatre rangs de briques avec ciment pour fermer les paſſages que l'eau s'étoit pratiqués de ce côté. Du côté du Midi, à l'extrémité de la tranchée, eſt un puits de près de trois pieds de diamètre, & de cinq à ſix de profondeur; il eſt couvert de pierres de taille; on y voit pluſieurs petites ſources qui ſe déchargent dans la pierrée, de même que toutes celles qu'on apperçoit dans le cours de cette même pierrée; il y a ſur-tout deux ſources fort abondantes, l'une à cinq toiſes environ du réſervoir, l'autre au pied du mur du réſervoir même. Du côté du

Nord, à l'autre extrêmité de la tranchée, eſt un ſouterrein de trois toiſes environ de profondeur, ſur quatre de hauteur, au milieu duquel on a établi une pierrée où viennent ſe rendre les petites ſources qui ſortent du côté gauche, & du fond de ce ſouterrein. On trouve à l'entrée un puits tout ſemblable à celui de l'autre extrêmité; il eſt traverſé par la tranchée qui vient du ſouterrein. A deux toiſes delà, en deſcendant dans le réſervoir, on trouve à droite un autre ſouterrein de dix pieds de profondeur ſur quatre de hauteur, au fond duquel on a pratiqué une petite pierrée en forme de puits, de deux pieds environ de diamètre. On y voit une belle ſource qui venant de la montagne, entre dans une pierrée de deux toiſes de long, laquelle vient joindre celle qui va au réſervoir. Toutes ces eaux viennent ſe raſſembler dans un réſervoir voûté qui partage la tranchée en deux portions, à quinze toiſes environ de ſa naiſſance du côté du Midi, & à dix toiſes du côté du Nord. Il a dix-ſept à dix-huit pieds de long, ſept à huit de large, & ſept de haut ſous clef. Au fond eſt une eſpèce de foſſe où ſe rendent de droite & de gauche toutes les eaux qui coulent dans la pierrée. Cette foſſe occupe toute la largeur du réſervoir. Il en ſort d'abord une décharge qui règne le long du mur du côté droit du réſervoir, rampe enſuite juſqu'à ſeize toiſes de diſtance, le long de la première colonne de tuyaux, & tournant à gauche va ſe perdre dans la vallée. Pour que cette décharge ne prenne que le ſuperflu de l'eau, on l'a diſpoſée de manière que dès que l'eau eſt parvenue au milieu du tuyau qui eſt à côté, elle paſſe dans la décharge. Ce tuyau qui a quatre pieds de long ſe décharge dans une grande auge qui a trois pieds trois pouces de long dans œuvre, deux pieds ſix pouces de large, un pied de profondeur, trois à quatre pouces de bord, & cinq à ſix pouces d'épaiſſeur pour le fond. De cette auge; l'eau s'embouche dans la colonne de tuyaux qui la conduiſent à la ville.

Du côté du Nord, à ſeize toiſes environ de ce premier réſervoir, & un peu plus bas, eſt une autre tranchée de recherche qui a ſeulement neuf pieds de profondeur & trois toiſes de longueur. On y a pratiqué deux pierrées qui forment un ovale de cinq à ſix pieds de diamètre dans ſon milieu, & de quinze à dix-huit pieds de long; elles reçoivent les petites ſources qui viennent du fond, & des deux côtés de la tranchée, & ſe réuniſſent pour ſe décharger dans une auge qui occupe toute la capacité d'un petit réſervoir conſtruit dans le même goût que le grand, & qui a trois pieds de profondeur, ſur cinq & demi de longueur, & ſept & demi de hauteur. L'eau qui eſt dans l'auge s'embouche dans une colonne de tuyaux de trente-neuf toiſes de long qui vient aboutir au regard dans lequel les deux ſources ſe réuniſſent.

Les regards conſiſtent en de ſimples auges de pierre, de deux pieds de long ſur dix-huit pouces de large, dix de profondeur, quatre de bord, & cinq d'épaiſſeur pour le fond. Ces auges ſont couvertes chacune d'une pierre de taille proportionnée, & ſont diſtribuées comme il ſuit :

Du grand réſervoir à la 1re auge	16 toiſes.
De la 1re à la 2e.	22
De la 2e à la 3e, qui eſt le regard de réunion	10
De la 3e à la 4e.	25
De la 4e à la 5e.	27
De la 5e à la 6e.	27
De la 6e à la 7e.	32
De la 7e à la 8e.	22
De la 8e à la 9e.	27
De la 9e à la 10e	42
De la 10e à la 11e.	38
De la 11e à la 12e.	26
De la 12e à la 13e.	27
De la 13e à la 14e.	16
De la 14e à la 15e.	36
De la 15e à la 16e.	24
De la 16e à la 17e.	27
De la 17e au regard qui eſt en face de la porte d'entrée de la ville	19
Somme	463 toiſes.

Dans ce regard ſont les embouchures, 1°. de la colonne de tuyaux qui conduit l'eau à la première fontaine,

2°. d'une décharge qui jette l'eau dans le fossé à huit toises environ du regard. De ce regard à la porte d'entrée, il y a dix toises, & de cette porte à la première fontaine, quarante ; en tout 50.

La colonne de tuyaux rampe le long des maisons à gauche en descendant. Derrière la première fontaine est une auge renfermée dans une espèce de cabinet fermant à clef, laquelle a deux pieds en quarré, toute l'eau s'y décharge. On y voit l'embouchure de quatre tuyaux, dont trois donnent l'eau aux trois fontaines, & le quatrième est destiné à remplir un grand réservoir qui a quatorze pieds & demi en quarré, & quatre pieds deux pouces environ de profondeur moyenne ; il contient environ cent muids d'eau, qu'on y conserve en cas d'incendie. Il y a au fond de ce réservoir deux soupapes qui s'embouchent dans les tuyaux qui conduisent l'eau à la fontaine de la Halle, & à celle de l'Eglise, de sorte qu'en levant l'une de ces soupapes, l'eau se porte aussi-tôt dans le quartier où est le feu. Au pied du mur de ce réservoir, & à dix ou douze pieds au-dessous de la fontaine dans la rue, est une fosse de quatre pieds de large & d'autant de profondeur où viennent se rendre les deux tuyaux de plomb qui s'embouchent dans ceux de grès qui conduisent l'eau aux fontaines de la Halle & de l'Eglise. Ces deux colonnes rampent ensemble le long de la rue, du côté droit. A vingt-sept toises de la première fontaine, une des colonnes fait le coude & enfile la rue de traverse qui va à la fontaine de la Halle. A neuf pieds de l'entrée de cette rue, & à trois pieds environ du mur, du côté gauche, est une auge couverte d'une pierre. La colonne de tuyaux va se rendre à la fontaine de la Halle qui est à trente toises de ce regard. L'autre colonne continue la grande rue, le long & à trois ou quatre pieds des maisons. A quarante-sept toises environ de la première fontaine, est un regard ; & à quarante-six toises au-dessous, & près la porte du Château, est un second regard : de ce second regard à la fontaine de l'Eglise, il y a cinquante-quatre toises. La colonne de tuyaux côtoye toujours les maisons jusqu'à celle de Madame Corot, où elle commence à prendre sa direction pour se rendre en droite ligne à la fontaine de l'Eglise. Derriere cette fontaine, & à son pied, on a percé le tuyau de plomb & on y a mis un fosset, pour vuider, en cas de besoin, les tuyaux depuis le plus prochain regard : on pourroit remplir le même objet au moyen d'un robinet percé de deux ouvertures, l'une dans la direction du tuyau, l'autre pour servir de décharge. A chaque fontaine est une auge de cinq à six pieds de long, de trois de large, & deux pieds quatre pouces de profondeur. Du côté gauche & au bout de l'auge de la premiere fontaine est l'embouchure de la décharge, & au pied une petite auge d'où l'eau entre dans la colonne de décharge, laquelle coule par le milieu de la rue de traverse qui conduit à la rue de la Halle, passe par le milieu de cette rue jusques vis-à-vis la rue de traverse qui vient à la fontaine de la Halle. En face de cette rue, la colonne de décharge croise la colonne qui porte l'eau à la fontaine en passant sous l'encoignure du pignon de la maison de Pierre Martin, & va se décharger dans une auge qui est vis-à-vis & à neuf pieds environ de cette fontaine. Au côté droit, & presqu'au bout de l'auge de cette même fontaine, est aussi l'embouchure de la décharge qui va se rendre dans l'auge dont on vient de parler. Delà la colonne de décharge continue sa route par le milieu de la rue, l'espace de trente-trois toises, jusqu'à un regard qu'on a établi vis-à-vis l'encoignure, & à cinq pieds du pignon d'Antoine Verot : elle continue de parcourir ladite rue à-peu-près par le milieu jusqu'au bas de la rue, & à huit pieds environ de la maison de Loup Laboureau ; elle fait le coude pour enfiler la rue qui conduit à la fontaine de l'Eglise, passe au coin de la maison de la veuve Félix Derode, s'en écarte pour aller se rendre à un regard qui est au-dessous & à huit ou dix pieds de l'orme, & à quinze de la fontaine de l'Eglise. Au côté droit & au bout de l'auge de cette fontaine est l'embouchure de la décharge qui tombe dans une auge au pied de la grande, & s'embouche dans une petite colonne de tuyaux de quinze pieds environ qui va se décharger dans le regard ci-dessus. De ce regard toute l'eau de décharge va se rendre à la fontaine de la porte d'en-bas par une colonne qui traversant la place, côtoye les maisons du côté gauche de la rue jusqu'à deux ou trois toises au-dessus du pignon de la maison de M. le Curé, où elle commence à s'en écarter pour aller joindre la fontaine. De la fontaine du Bellay jusqu'au pied de l'orme, la colonne de décharge a cent cinquante toises : depuis l'orme jusqu'à la fontaine de décharge, quarante-cinq toises. Au côté droit & au bas de cette fontaine est une pierrée destinée à recevoir toute l'eau du ruisseau. Du même côté & au haut de l'auge est un tuyau par où l'eau se décharge dans la marre. Du côté gauche de l'auge est encore une petite décharge qui s'embouche dans une petite colonne de tuyaux qui traverse la rue pour se rendre dans un bassin qui est dans le jardin de M. le Curé. Derrière cette fontaine & dans le massif se prolonge le tuyau de plomb qui forme le jet de la fontaine ; il est enfermé dans deux gargouilles, une dessus & une dessous, & fortement fermé par un tampon, qu'on ôte lorsqu'on veut nettoyer ce tuyau qui est fort sujet à s'engorger.

Tel est, Monsieur, l'état actuel de nos fontaines. Au mois de Février dernier, la décharge prenoit au moins les deux tiers de l'eau qui entroit dans le réservoir, l'autre tiers se rendoit à Coulanges. Cela suppose, comme vous voyez, une grande abondance d'eau. En ce moment nous avons quatre fontaines qui donnent au moins deux fois plus d'eau qu'il n'en faut à Coulanges ; & cette quantité est, ce me semble, le tiers ou la moitié de ce qui vient des sources ; l'autre partie passe dans la décharge. Vous jugez par-là que nous sommes abondamment pourvus.

J'ai l'honneur, &c. TINGAULT.

A Coulanges, ce 7 Novembre 1780.

Les réparations mentionnées en cette Lettre, ont été faites pendant l'exercice des Sieurs Antoine Sougere ; André Enry ; Sébastien Chaucuard, *&* Jean-Baptiste Moussu, *Echevins en 1779, & des Sieurs ledit* Antoine Sougere ; Prix Ledoux ; Antoine Dupuis, & Pierre Martin, *Echevins en 1780.*

Ordonnance de M. l'Intendant de Bourgogne, qui enjoint à tous les propriétaires riverains du fossé où sont placés les tuyaux des Fontaines de Coulanges-la-Vineuse, de l'entretenir en bon état.

Du 25 Novembre 1780.

Vu le Procès-verbal dressé par le Sieur de Pontagny, notre Subdélégué à Auxerre, le 3 Novembre dernier, ensemble notre Ordonnance du 9 Mars aussi dernier, par laquelle nous disions qu'à la diligence des Echevins de la Communauté de Coulanges-la-Vineuse, il seroit procédé à la fixation de la direction & des proportions que doit avoir le fossé destiné à recevoir les tuyaux des fontaines, que les propriétaires riverains dudit fossé seroient tenus de l'entretenir chacun en droit soi; vu aussi l'avis dudit Sieur de Pontagny: Nous Intendant en Bourgogne & Bresse, avons homologué ledit Procès-verbal pour être exécuté selon sa forme & teneur. En conséquence, ordonnons à tous les propriétaires riverains, chacun en droit soi d'arracher les ceps de vigne & d'enlever les terres & les pierres qui peuvent se trouver dans le fossé où sont placés les tuyaux des fontaines de Coulanges-la-Vineuse, à la distance de trois pieds desdits tuyaux de chaque côté, & ce, dans la huitaine de la publication de notre présente Ordonnance; comme aussi d'entretenir ledit fossé, le tout sous peine de 10 liv. d'amende contre chaque refusant; & en cas d'inexécution, autorisons les Echevins en exercice de ladite Communauté, à faire faire lesdits ouvrages aux frais des délinquans; & sera notre présente Ordonnance, exécutée par provision, nonobstant opposition ou appellation, & à cet effet imprimée, publiée & affichée par-tout où besoin sera.

Signé, FEYDEAU.

Lu & approuvé, ce 15 Janvier 1781.
Signé, de Sauvigny.

Vu l'Approbation, permis d'imprimer, ce 17 Janvier 1781. *Signé*, LE NOIR.

De l'Imprimerie de Chardon, rue Galande, 1781.

38

www.ingramcontent.com/pod-product-compliance
Lightning Source LLC
LaVergne TN
LVHW010018230826
846092LV00002B/875

* 9 7 8 2 0 1 9 9 3 6 4 8 8 *